Introduction

子供の頃、私がいつも見ていた美しい風景。

母が丁寧に育てた花が咲く庭。
学校の帰り道にある空き地で揺れる秋桜。
友達とおままごとをした椿の垣根。

何よりも私の心を動かしたのは四季折々で変わる水田の色でした。
春は萌黄、夏は青緑、秋は黄金、冬は銀。

作品を作る時。
図鑑を見たり道端の花を観察したりしますが、
それと同時にこの頃の記憶をたどります。
花びらの色の組み合わせや移り変わり、そして輪郭。
実際の花姿に私の中に蓄積されたイメージを投影して。

この本にある植物達はそうしてデザインされています。
輪郭だけの図案から、平面を刺し埋める重厚感のあるものまで。
いろいろな角度から自由に私の中にある植物を表現してみました。

気負わず、図案の一部だけでも良いのです。
貴方の心が惹きつけられるものから刺してみてください。
少しずつ布に色が広がる刺繍の楽しさ。

この本が貴方の手づくりの時間を彩るお手伝いが出来たなら。
それが私のいちばんの幸せです。

PieniSieni(ピエニシエニ)

Contents

ボーダー	page 4, 48
コーナー模様	page 5, 49
フラワーⅠ	page 6, 50
フラワーⅡ	page 7, 50
フラワーⅢ	page 8, 52
フラワーⅣ	page 9, 53
リースⅠ	page 10, 54
リースⅡ	page 11, 55
フラワーⅤ	page 12, 56
タイル柄Ⅰ	page 14, 58
タイル柄Ⅱ	page 15, 60
レリーフⅠ	page 16, 62
レリーフⅡ	page 17, 63
フラワーフレーム	page 18, 64
オーバルⅠ	page 19, 68
ブーケⅠ	page 20, 70
ブーケⅡ	page 21, 71
フラワーⅥ	page 22, 72

タイル柄Ⅲ	page 24, 74
レース模様Ⅰ	page 26, 76
レース模様Ⅱ	page 27, 73
キノコ	page 28, 78
熱帯植物	page 30, 80
オーバルⅡ	page 32, 69
リーフⅠ	page 33, 82
リーフⅡ	page 34, 83
ブランチ	page 35, 84
フラワーⅦ	page 36, 86
フラワーⅧ	page 38, 92
フラワーⅨ	page 39, 85
フラワーⅩ	page 40, 94

材料と道具 ⋯⋯⋯⋯ page 42

刺繡の基本と
17のステッチ ⋯⋯⋯⋯ page 43

＊P2の図案は180％、P3の図案は160％に拡大するとP5と同じように刺繡を楽しむことができます。

ボーダー
>page 48

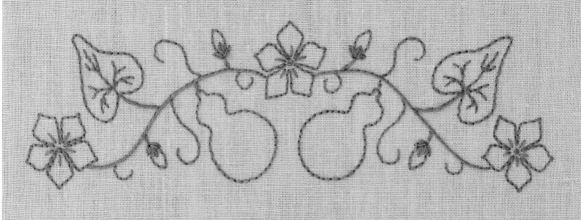

コーナー模様
> page 49

フラワーⅠ
> page 50

フラワーⅡ
> page 50

フラワーⅢ

> page 52

フラワーIV

> page 53

リース I
> page 54

リース II
> page 55

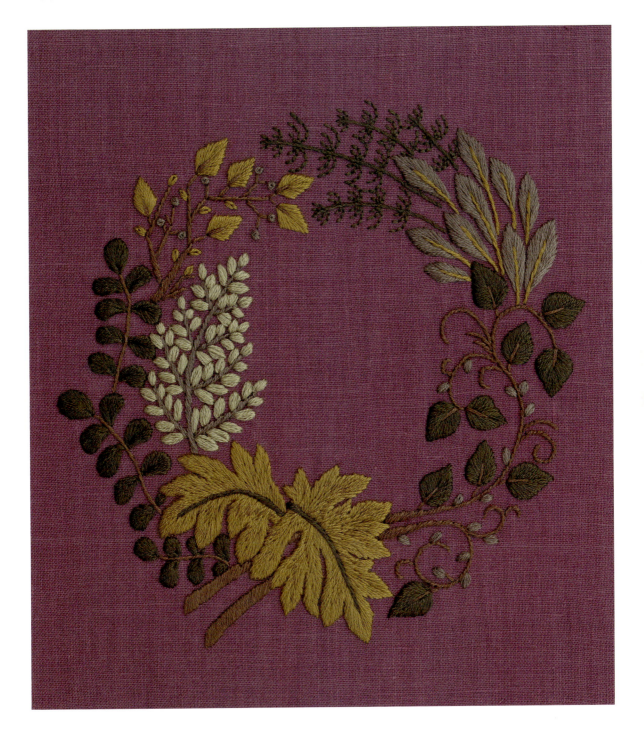

フラワー V

>page 56

タイル柄 I
> page 58

タイル柄 II
> page 60

レリーフ I
>page.62

レリーフ II
> page 63

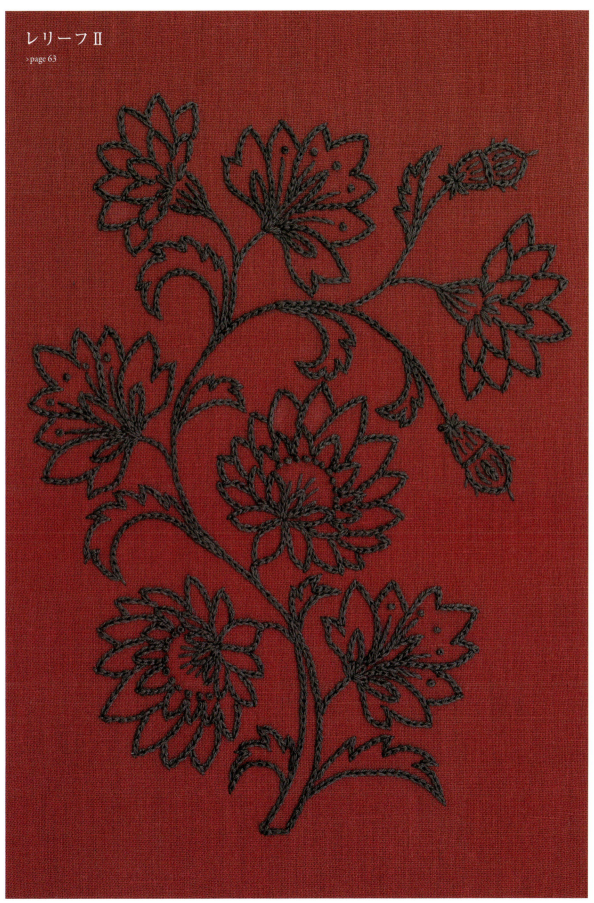

フラワーフレーム
>page 64

オーバル I

> page 68

ブーケ I
> page 70

ブーケ II

> page 71

フラワー VI

> page 72

タイル柄 III
> page 74

レース模様 I
> page 76

レース模様 II
> page 73

キノコ
› page 78

熱帯植物
> page 80

オーバル II

> page 69

リーフ I
> page 82

リーフⅡ
>page 83

フラワー VII
> page 86

フラワーⅧ
> page 92

フラワーⅨ

>page 85

フラワーX
> page 94

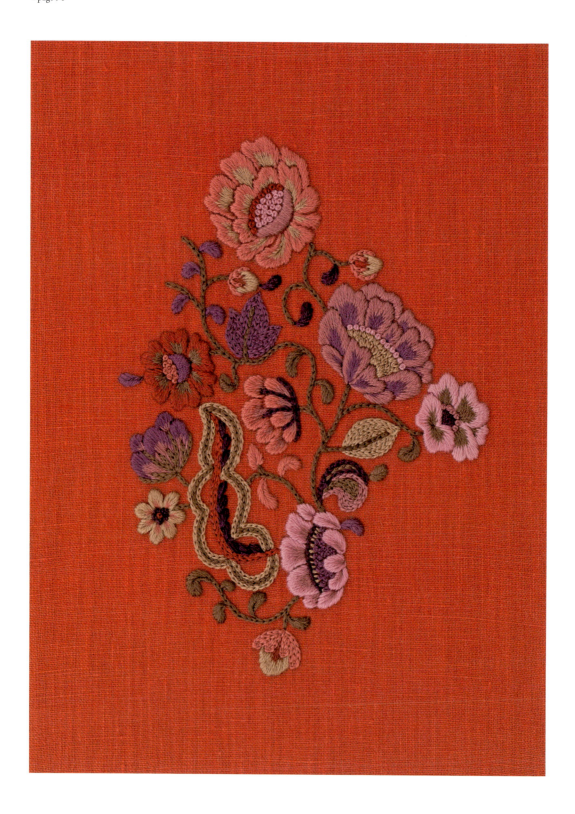

材料と道具

25番刺繍糸
本書ではDMC25番刺繍糸を使用。色数500種と豊富で、輝きと光沢が美しい6本の細い糸から撚られた束。指定の本数を引き抜いて刺します。

布
本書では主にリネンバードの麻布を使用。布目のそろった、張りのある布がおすすめです。

フランス刺繍針7〜10号
針の番号が大きくなるほど針が細くなります。引きそろえる糸の本数に合わせて針を選びましょう。

ピンクッション
刺繍針や待ち針を休めるクッション。

刺繍枠
布を張るための道具。大きさも様々で10cm、12cm、15cm、18cmなどがあります。図案に合った枠を使いましょう。

カーブ目打ち・細目打ち
刺繍糸をほどく時に使います。

糸切ばさみ
刺繍糸を切る際に必要な道具。先のとがったものが最適。

裁ちばさみ
布を裁断する際に必要な道具。

トレーシングペーパー＊
図案を写しとるために必要な透けて見える薄い紙。

セロハン＊
トレーシングペーパーに写しとった図案をトレーサーでなぞる際にトレーシングペーパーが破けないように上に重ねて使います。

トレーサー
図案をなぞるペン型の道具。ボールペンでも代用可。

チャコピー
図案を布に写すときに使う複写紙。色は黄、グレー、白、青、ピンクがあり、布の色に合わせて使い分けましょう。

ファブリックパネル
刺繍した布を張って、作品をより素敵に、またインテリアとして使えるパネル。

＊以外はすべてクロバーの商品です

刺繍の基本と17のステッチ

[図案の写し方]

1 薄手のトレーシングペーパーを図案の上に重ねる

2 ペンで図案を写す

3 布の上にチャコピーを重ねる

4 チャコピーの上に写した図案、セロハンの順に重ねる

5 セロハンの上からトレーサーで写した図案線をなぞる

6 布に図案を写したところ

43

［ 刺繡糸の扱い方 ］

1 刺繡糸の束から糸端を引き出す

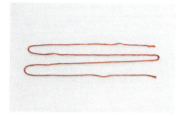

2 長さ60〜70cm程度に切る

3 6本に束ねられた刺繡糸から1本ずつ引き抜く

4 指定の本数分引き抜く

5 引き抜いた刺繡糸を引きそろえる

6 刺繡針に通す

[17のステッチ]

ランニングステッチ

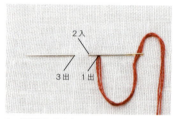

1 等間隔に針を出し入れして刺し進む

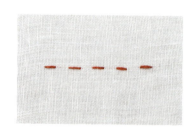

アウトラインステッチ

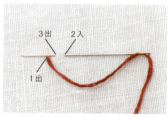

1 針を出して右に1目分先に入れ、針目の半分戻って針を出す

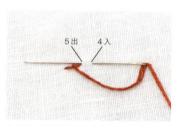

2 右に1目分先に針を入れ、(2入)と同じ穴から針を出す

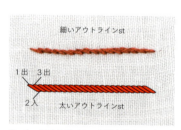

3 太いアウトラインstを刺す場合は、(2入)と同じ穴から針を出さずにstの重なりが多くなるように針を出し入れする

チェーンステッチ

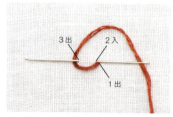

1 (1出)と同じ穴に針を入れ、1目分先に針を出して針先に糸をかける

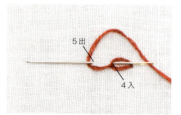

2 (3出)と同じ穴に針を入れ、糸をかけること繰り返す。かける糸は常に同じ方向からかける

巻き付けチェーンステッチ

1 完成したチェーンstだけをすくって別糸を巻き付ける。針は頭から通す

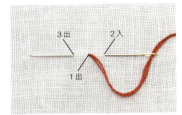

バックステッチ

1 針を出して右に1目分先に入れ、(1出)の左1目分先に針を出す

2 針を右に戻しながら刺し進むことを繰り返す

巻き付けバックステッチ

1 完成したバックstだけをすくって別糸を巻き付ける。針は頭から通す

ストレートステッチ

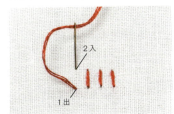

一針で刺す

ダブルクロスステッチ

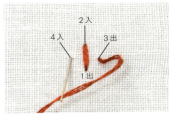

1 ストレートstで十字に刺す

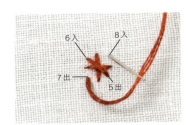

2 もう一度、十字に刺す

レゼーデージーステッチ

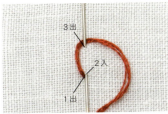

1 チェーンstと同様に、(1出)と同じ穴に針を入れ、1目分先に針を出して針先に糸をかける

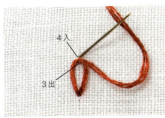

2 輪になった中央を短いストレートstで止める

レゼーデージーステッチ＋ストレートステッチ

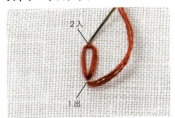

1 レゼーデージーstの上側にストレートstを刺す

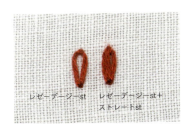

フレンチノットステッチ (写真は2回巻き)

1 針を出し、針先に刺繍糸を指定の回数巻き付ける

2 出した真横に針を刺し入れる

3 糸を引いて巻き付けた糸を締める

4 布の裏側に針を出したら糸がゆるまないように指先で結び目をおさえ、布の裏側で糸をゆっくり引く

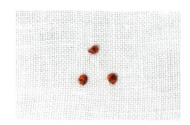

バリオンステッチ（写真は8回巻き）

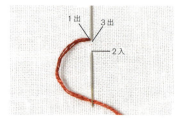
1 番号に従って針を出し入れする

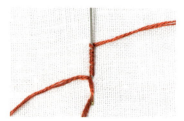
2 針先に刺繍糸を指定の回数巻き付ける

3 指先で巻き付けた糸がゆるまないようにおさえながら、針をゆっくり引き抜く

4 巻き付けた糸を(2入)側に倒し、(2入)と同じ穴に針を入れる

5 布の裏側に針を出し、糸を引く

フライステッチ

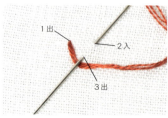
1 V字になるように針を出し入れする

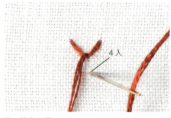
2 針目の長いストレートstで止める

ロング＆ショートステッチ

1 長い針目、短い針目のストレートstを繰り返して刺す

2 すき間を埋めるように長い針目、短い針目で刺す

スプリットステッチ

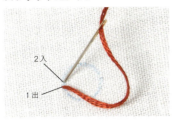

1 小さな針目を刺す

2 次に針を出すときは刺繍糸を割って針を出す

サテンステッチ（スプリットステッチで下刺しをする）

1 下刺しの糸を割らないように、針を外側から出す。図の中央から端に向かってストレートstで平行に刺す

ブランケットステッチ

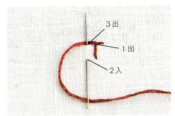

1 下から上に出した針先に糸をかけながら刺す

[刺し始め、刺し終わりの糸端の扱い方と処理]

刺し始めの糸端の扱い方

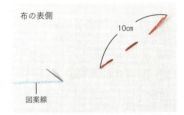

刺し始めの糸端は玉結びはせず糸端10cm位を残して2〜3針刺し、図案に針を移動させる

糸端の処理（線の場合）

刺し終わったら、裏側のステッチに針を数回通す。刺し始めの糸端も同様にする。余分な刺繍糸は切る

糸端の処理（面の場合）

針先から裏側のステッチに針を通して糸だけをすくう

2回ほどすくって、余分な刺繍糸を切る

糸の替え方

新しい刺繍糸に替える時は、まず刺し始め、刺し終わりの糸端の処理をしてから、次の新しい刺繍糸に替えて刺します

布の扱い方

刺し始める前　粗裁ちをした布を一晩水通しし、布目を整えて陰干しをしてください。生乾きの内にアイロンで布目を整えましょう。

刺し終わった後　チャコピーで描いた図案線は水で消します。細かい箇所は綿棒で消すとよいでしょう。図案線を消したらアイロン台にタオルを敷いて、その上に刺繍面を下にして作品を置き、当て布をしてステッチのふくらみがつぶれないようにアイロンを優しくかけてください。また、アイロンをかけるとチャコピーで描いた図案線が定着してしまうので注意してください。

ボーダー

> see page 4

材料
○25番刺繍糸
　緑〈730〉
○生地
　MONACO FERN

・図案は原寸使用
・指定外はアウトラインst
・(　)内は引きそろえる糸の本数。指定外は2本どり
・stはステッチの略

コーナー模様

> see page 5

材料
○25番刺繍糸
　生成り〈ECRU〉
○生地
　MONACO　FERN

- 図案は原寸使用
- 指定外はアウトラインst
- 引きそろえる糸の本数は3本どり
- stはステッチの略

フラワー I

> see page 6

材料
○25番刺繡糸
　赤〈3685〉
○生地
　MONACO　PALACE BLUE

・図案は原寸使用
・指定外はアウトラインst
・（　）内は引きそろえる糸の本数。指定外は1本どり
・stはステッチの略

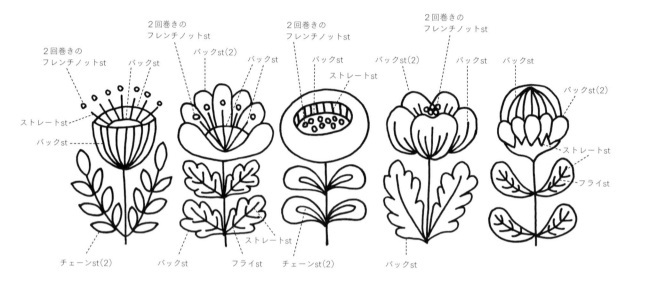

フラワー II

> see page 7

材料
○25番刺繡糸
　薄紫〈3836〉　黄〈676〉　緑〈3052〉
○生地
　MONACO　PALACE BLUE

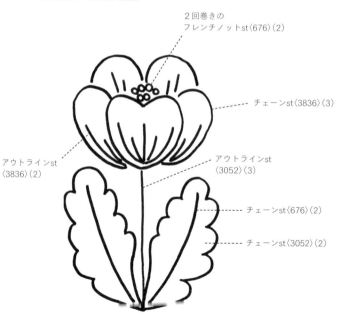

- 図案は原寸使用
- 〈　〉内は刺繍糸の色番号
- (　)内は引きそろえる糸の本数
- stはステッチの略

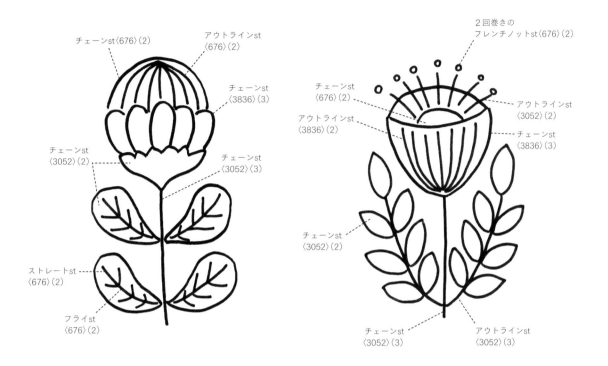

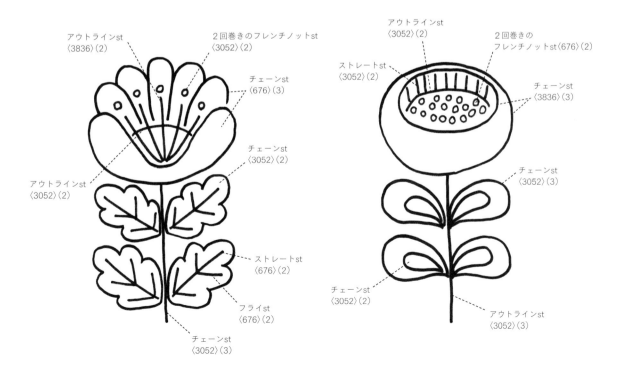

フラワーⅢ

> see page 8

材料
○25番刺繍糸
　灰〈317〉　薄茶〈3860〉　黄土色〈833〉
　緑〈580〉　濃灰〈844〉
○生地
　MONACO　DONKEY

- 図案は原寸使用
- 〈　〉内は糸の色番号
- 指定外はチェーンst
- 引きそろえる糸の本数は2本どり
- stはステッチの略

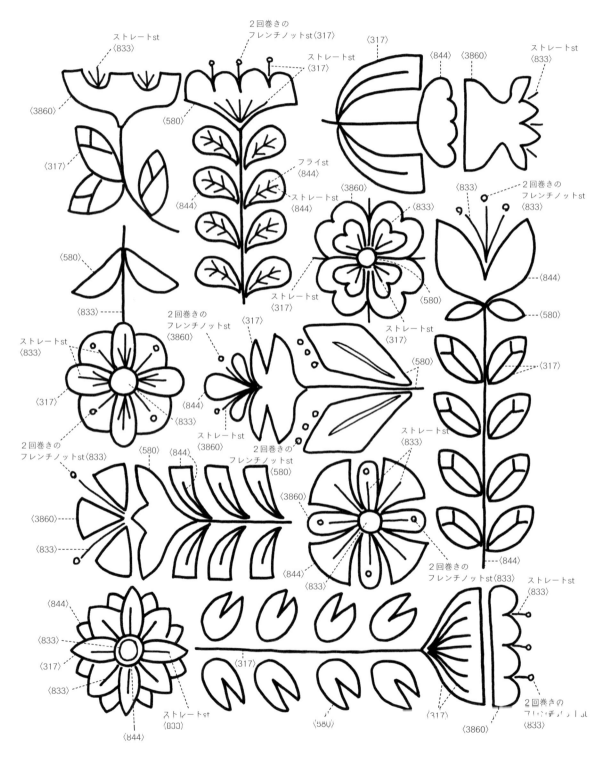

フラワーⅣ

> see page 9

材料
○25番刺繡糸
　黄土色〈680〉
○生地
　MONACO　RIFLE GREEN

- 図案は原寸使用
- （　）内は引きそろえる糸の本数
- stはステッチの略

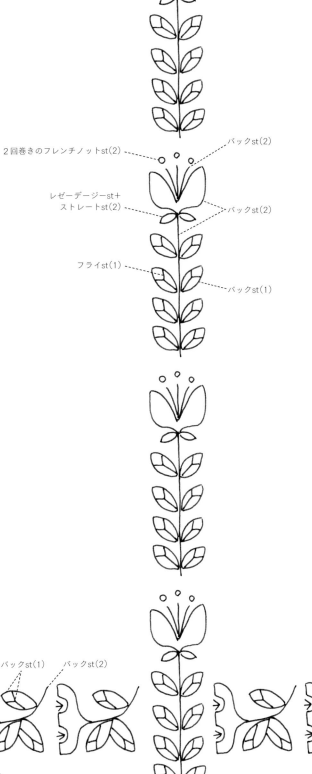
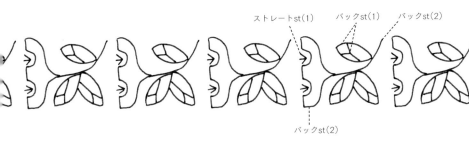

リースⅠ

> see page 10

材料
○25番刺繍糸
　白〈27〉　青〈517〉　黄土色〈3852〉
　紫〈552〉　黄緑〈988〉　緑〈520〉
○生地
　MONACO　GRAVEL

・図案は原寸使用
・〈　〉内は糸の色番号
・（　）内は引きそろえる糸の本数。指定外は2本どり
・stはステッチの略

❶巻き付けバックst
❷バックst
❸サテンst
❹ストレートst(4)
❺ロング＆ショートst
❻2回巻きのフレンチノットst(4)
❼10回巻きのバリオンst
❽2回巻きのフレンチノットst
❾レゼーデージーst＋ストレートst(4)
❿レゼーデージーst
⓫8回巻きのバリオンst(3)
⓬アウトラインst
⓭レゼーデージーst＋ストレートst
⓮ストレートst
⓯巻き付けチェーンst

リースⅡ

> see page 11

材料
○25番刺繡糸
　緑〈732〉　茶〈3781〉　濃緑〈935〉
　薄緑〈3052〉　灰〈645〉
○生地
　MONACO　TULIP PURPLE

- 図案は原寸使用
- 〈　〉内は糸の色番号
- （　）内は引きそろえる糸の本数。指定外は2本どり
- stはステッチの略

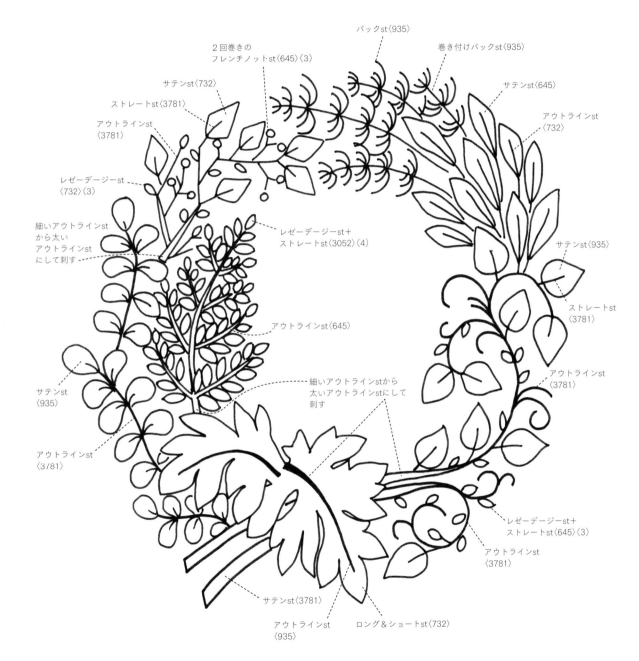

フラワーV

> see page 12-13

材料
○25番刺繡糸
　青〈3808〉
○生地
　MONACO DRIZZLE

- 図案は原寸使用
- 指定外はバックst
- ( )内は引きそろえる糸の本数。指定外は2本どり
- stはステッチの略

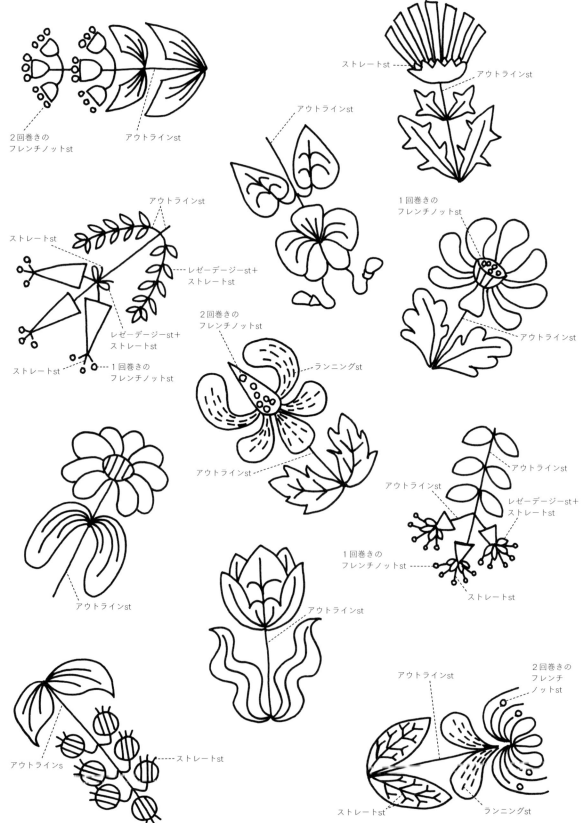

タイル柄 I

> see page 14

材料
○25番刺繡糸
　緑〈3345〉
○生地
　MONACO　TULIP PURPLE

・図案は原寸使用
・(　)内は引きそろえる糸の本数。指定外は2本どり
・stはステッチの略

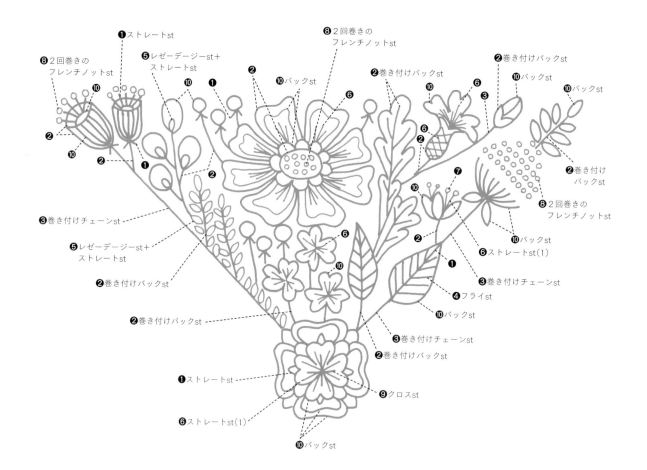

❶ストレートst
❷巻き付けバックst
❸巻き付けチェーンst
❹フライst
❺レゼーデージーst＋ストレートst
❻ストレートst(1)
❼2回巻きのフレンチノットst(1)
❽2回巻きのフレンチノットst
❾クロスst
❿バックst

タイル柄 II

> see page 15

材料
○25番刺繡糸
　灰〈413〉
○生地
　MONACO　DARK NAVY

- 図案は原寸使用
- （　）内は引きそろえる糸の本数。指定外は2本どり
- stはステッチの略

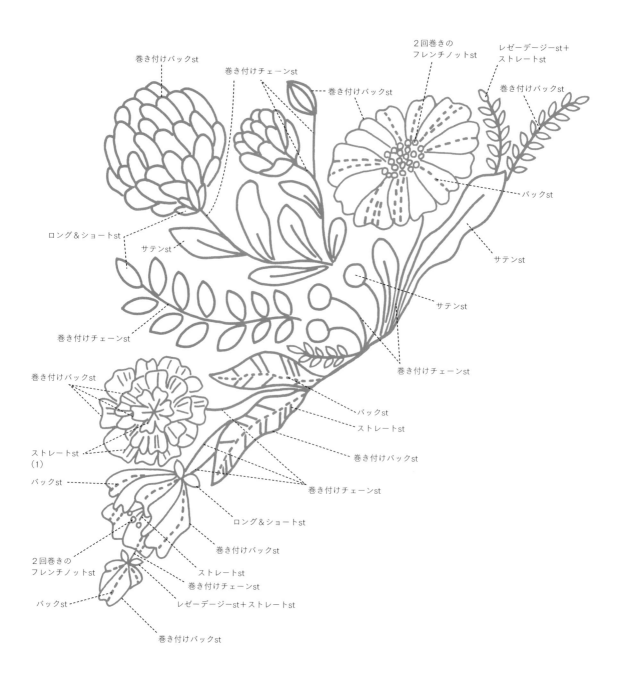

レリーフ I

> see page 16

材料
○25番刺繡糸
　白〈ECRU〉
○生地
　MONACO　SLATE

- 図案は原寸使用
- 指定外はチェーンst
- 引きそろえる糸の本数は2本どり
- stはステッチの略

レリーフ II

> see page 17

材料
○25番刺繍糸
　濃灰〈3799〉
○生地
　MONACO　CRANBERRY

- 図案は原寸使用
- 指定外はチェーンst
- 引きそろえる糸の本数は2本どり
- stはステッチの略

フラワーフレーム

> see page 18

材料
○25番刺繡糸
　赤〈3328〉　青〈931〉　黄緑〈734〉
　緑〈3346〉　薄紫〈3042〉
○生地
　MONACO　DRIZZLE

- 図案(P67)は原寸使用
- 〈　〉内は糸の色番号
- (　)内は引きそろえる糸の本数。指定外は2本どり
- stはステッチの略

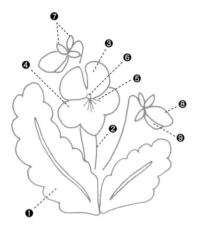

ビオラ
❶チェーンst〈3346〉
❷巻き付けチェーンst〈3346〉
❸ロング＆ショートst〈931〉
❹ロング＆ショートst〈3042〉
❺ストレートst〈3328〉(1)
❻2回巻きのフレンチノットst〈734〉(3)
❼レゼーデージーst＋ストレートst〈3346〉
❽ロング＆ショートst〈931〉
❾サテンst〈3042〉

勿忘草
❶サテンst〈734〉(3)
❷サテンst〈931〉
❸巻き付けチェーンst〈734〉(1)
❹レゼーデージーst〈931〉
❺2回巻きのフレンチノットst〈3042〉(6)

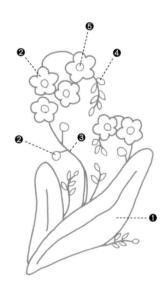

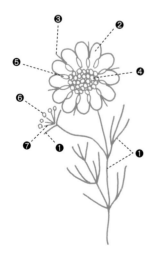

マツムシソウ
❶アウトラインst〈3346〉
❷チェーンst〈3042〉
❸ストレートst〈3346〉
❹2回巻きのフレンチノットst〈734〉(3)
❺レゼーデージーst〈3328〉
❻1回巻きのフレンチノットst〈3328〉
❼ストレートst〈3042〉

マツバギク
❶アウトラインst〈3346〉
❷チェーンst〈734〉(1)
❸2回巻きのフレンチノットst〈3042〉(3)
❹ストレートst〈3328〉

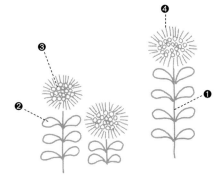

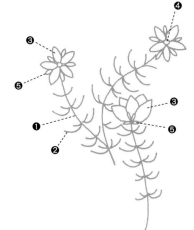

ニゲラ
❶アウトラインst〈3346〉
❷バックst〈3346〉
❸サテンst〈931〉
❹2回巻きのフレンチノットst〈3042〉(4)
❺レゼーデージーst〈734〉

プリムラ
❶巻き付けチェーンst〈734〉
❷サテンst〈3328〉
❸サテンst〈3042〉
❹チェーンst〈3328〉(1)
❺レゼーデージーst＋ストレートst〈3328〉
❻レゼーデージーst＋ストレートst〈3346〉
❼サテンst〈3346〉

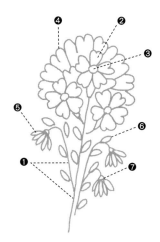

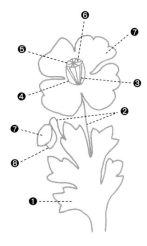

ヒナゲシ
❶ロング＆ショートst〈3346〉
❷巻き付けチェーンst〈734〉
❸ストレートst〈734〉(1)
❹アウトラインst〈734〉(1)
❺バックst〈734〉(1)
❻ダブルクロスst〈931〉(1)
❼ロング＆ショートst〈3328〉
❽バックst〈3328〉

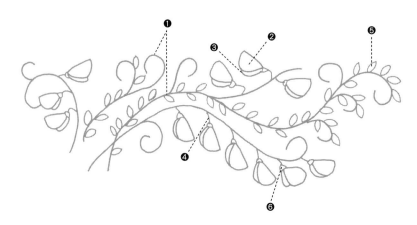

フジ
1. アウトラインst〈3346〉
2. ロング&ショートst〈3328〉
3. チェーンst〈3042〉
4. バックst〈3346〉
5. レゼーデージーst〈3346〉(3)
6. サテンst〈3346〉

クリサンセマム
1. チェーンst〈734〉
2. チェーンst〈3346〉
3. ロング&ショートst〈931〉
4. サテンst〈3042〉
5. ロング&ショートst〈931〉

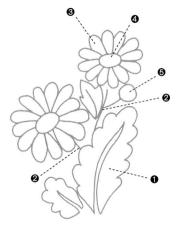

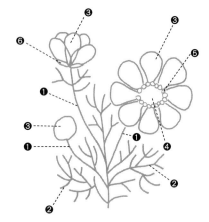

マーガレット
1. アウトラインst〈3346〉
2. チェーンst〈3346〉
3. ロング&ショートst〈734〉
4. サテンst〈931〉
5. 2回巻きのフレンチノットst〈3328〉
6. レゼーデージーst〈3346〉

アザミ
1. 巻き付けチェーンst〈3346〉
2. サテンst〈3346〉
3. チェーンst〈3042〉
4. 2回巻きのフレンチノットst〈3328〉
5. ストレートst〈3346〉

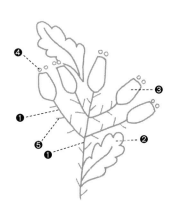

オーバル I

> see page 19

材料
○25番刺繍糸
　生成り〈ECRU〉　緑〈732〉　薄紫〈28〉
○生地
　MONACO　SLATE

- 図案は原寸使用
- 〈 〉内は糸の色番号
- 指定外はチェーンst
- 引きそろえる糸の本数は3本どり
- stはステッチの略

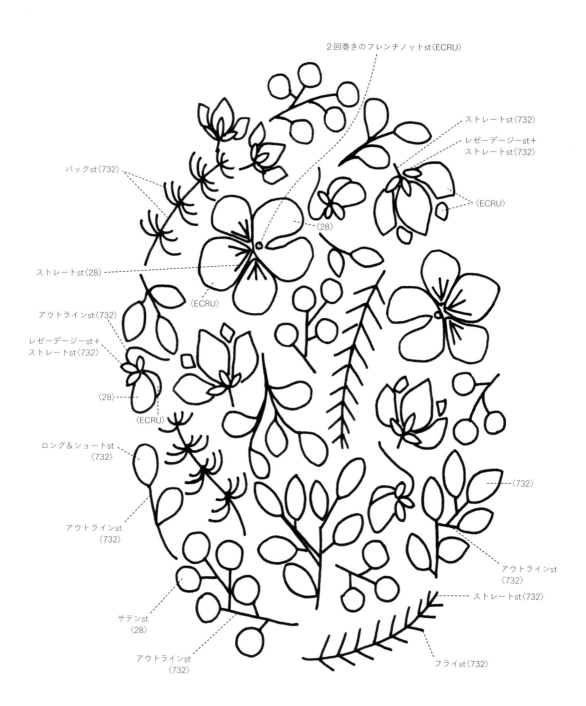

オーバルⅡ

> see page 32

材料
○25番刺繡糸
　灰〈318〉　薄緑〈523〉　緑〈502〉
○生地
　MONACO　DONKEY

- 図案は原寸使用
- 〈　〉内は糸の色番号
- 指定外はアウトラインst
- 引きそろえる糸の本数は3本どり
- ★のついている葉は先にチェーンstを刺し、その上に指定のstを刺す
- stはステッチの略

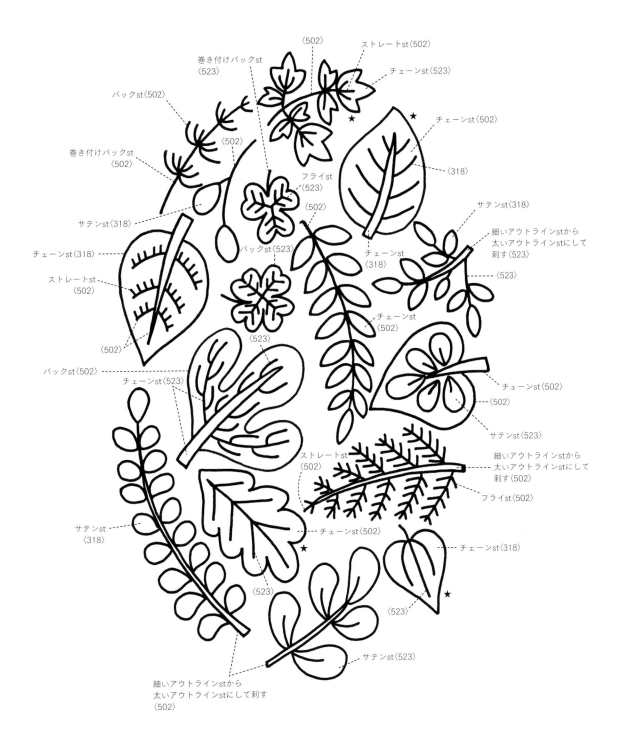

ブーケ I

> see page 20

材料
○25番刺繍糸
　淡桃〈224〉　桃〈152〉　濃桃〈223〉　茶〈436〉　薄ベージュ〈3046〉
　灰青〈414〉　紫〈3740〉　クリーム〈677〉　薄グレー〈3022〉
　濃グレー〈3787〉
○生地
　MONACO　RESEDA

- 図案は原寸使用
- 〈　〉内は糸の色番号
- （　）内は引きそろえる糸の本数。指定外は2本どり
- stはステッチの略

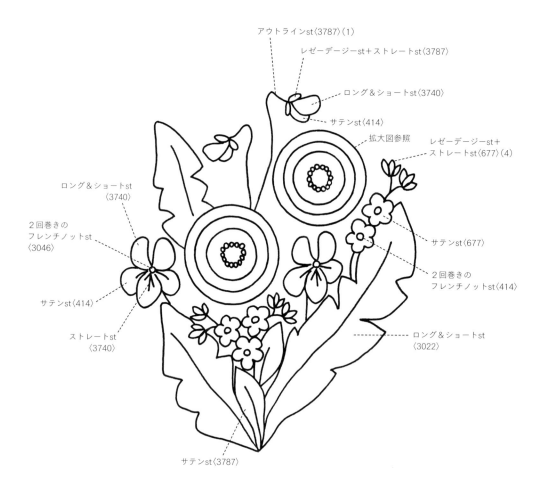

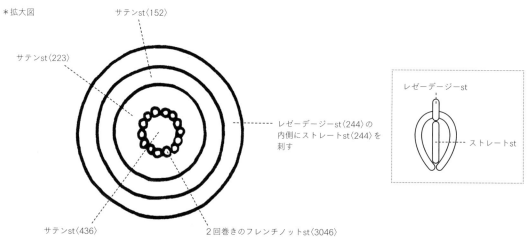

ブーケ II

> see page 21

材料
○25番刺繍糸
　淡灰〈168〉　灰〈169〉　クリーム〈677〉　淡カーキ〈371〉
　カーキ〈3011〉　淡紫〈3042〉　紫〈3834〉
○生地
　MONACO ICE BLUE

- 図案は原寸使用
- 〈　〉内は糸の色番号
- （　）内は引きそろえる糸の本数。指定外は2本どり
- stはステッチの略

フラワーⅥ

> see page 22-23

材料

P22の作品
○25番刺繍糸
　赤紫〈3685〉
　エメラルド〈3847〉
○生地
　MALTA　CONCRETE

P23の作品
○25番刺繍糸
　緑〈500〉
○生地
　MONACO　TURQUOISE

- 図案は原寸使用
- 〈　〉内は糸の色番号
- （　）内は引きそろえる糸の本数。指定外は1本どり
- stはステッチの略

＊P22の作品

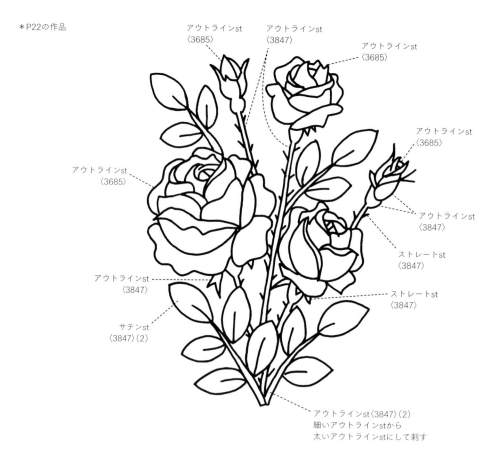

＊P23の作品は、3つの図案をランダムに配置して、すべてアウトラインst、糸1本どりで刺す

レース模様 II

> see page 27

材料
○25番刺繍糸
　オークル〈3047〉
○生地
　MONACO　RIFLE GREEN

- 図案は原寸使用
- ( )内は引きそろえる糸の本数。指定外は2本どり
- stはステッチの略

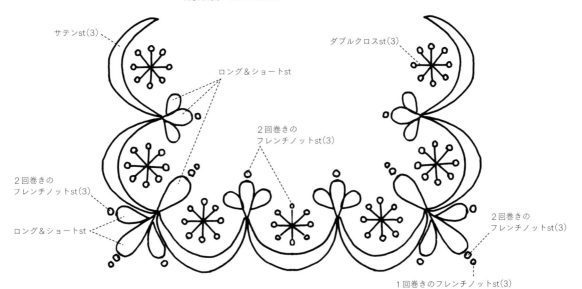

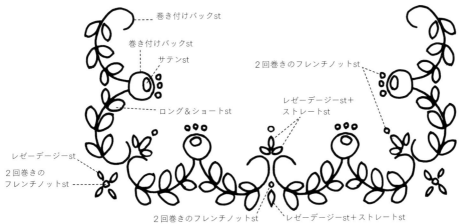

タイル柄 III

> see page 24-25

材料
○25番刺繍糸
　水色〈807〉　青〈311〉　黄緑〈3347〉
　赤〈816〉
○生地
　MONACO　ICE BLUE

- 図案は原寸使用
- 〈 〉内は糸の色番号
- 指定外はチェーンst
- 引きそろえる糸の本数は4本どり
- stはステッチの略

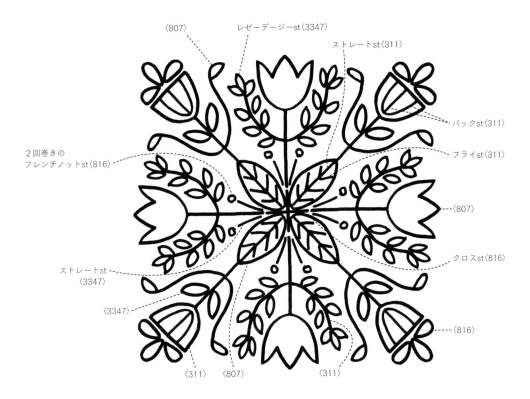

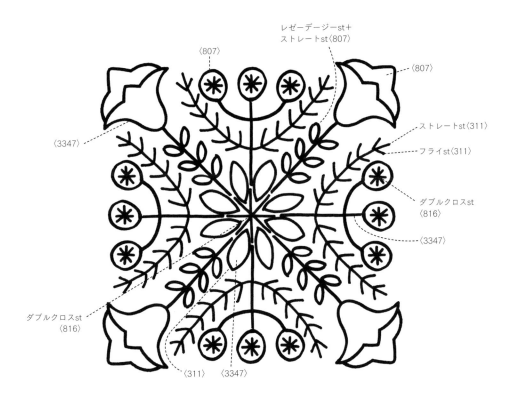

レース模様 I

> see page 26

材料
○25番刺繡糸
　桃〈224〉　茶〈612〉　水色〈927〉　緑〈368〉　紫〈28〉　黄〈17〉
○生地
　MONACO GRAVEL

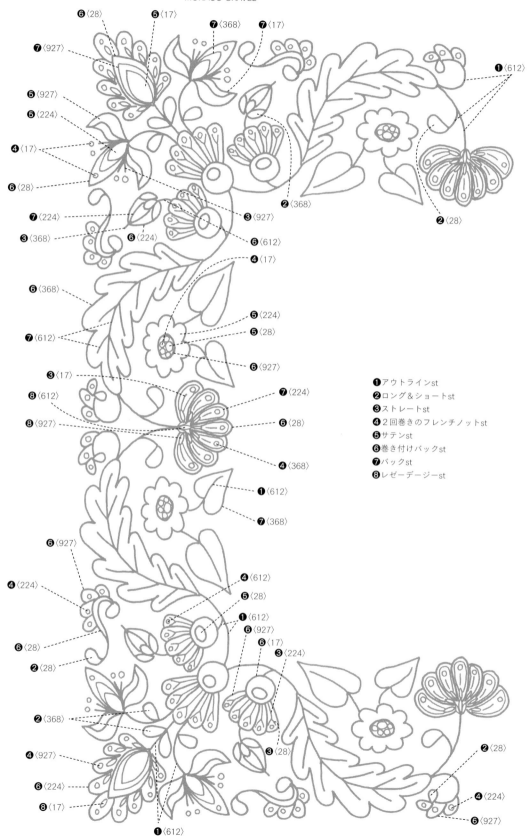

❶アウトラインst
❷ロング＆ショートst
❸ストレートst
❹2回巻きのフレンチノットst
❺サテンst
❻巻き付けバックst
❼バックst
❽レゼーデージーst

- 図案は原寸使用
- 〈 〉内は糸の色番号
- 引きそろえる糸の本数は2本どり
- stはステッチの略

キノコ

> see page 28-29

材料
P28の作品
○25番刺繡糸
　濃灰〈844〉
○生地
　MALTA　CONCRETE

P29の作品
○25番刺繡糸
　キノコ各参照
○生地
　MONACO　RESEDA

- 図案は原寸使用
- 〈 〉内は糸の色番号
- （ ）内は引きそろえる糸の本数。
  指定外は2本どり
- 図中の〔 〕内はP28の使用st
- stはステッチの略

＊P28の作品の上段はBとR、下段はFとMを使用。
　キノコの図案線はアウトラインst（1）、その他は指定（①または②）のstで刺す。

①スプリットst（1）
②ストレートst

＊P29の作品は、はじめに全てのキノコの図案線を❶濃灰〈844〉でアウトラインst、糸1本どりで刺す。

A　❷ロング＆ショートst　紫〈28〉
　　❸ロング＆ショートst　灰〈414〉
　　❹ロング＆ショートst　薄灰〈168〉

B　❷ロング＆ショートst　薄緑〈3013〉（3）
　　❸ロング＆ショートst　淡オークル〈3864〉
　　❹ロング＆ショートst　白〈822〉
　　❺ストレートst　濃灰〈844〉

C　❷ロング＆ショートst　濃青〈930〉（3）
　　❸ロング＆ショートst　オークル〈3782〉
　　❹ロング＆ショートst　青〈931〉
　　❺ストレートst　ベージュ〈3033〉

D　❷ロング＆ショートst　茶〈301〉（3）
　　❸ロング＆ショートst　オークル〈3782〉
　　❹サテンst　薄ベージュ〈739〉

E　❷ロング＆ショートst　濃オークル〈167〉
　　❸ロング＆ショートst　オークル〈3045〉
　　❹ロング＆ショートst　淡オークル〈3046〉
　　❺ストレートst　濃灰〈844〉

F　❷ロング＆ショートst　茶〈433〉（3）
　　❸ロング＆ショートst　白〈822〉
　　❹ロング＆ショートst　淡オークル〈3046〉
　　❺スプリットst　濃灰〈844〉
　　❻サテンst　白〈822〉

G　❷ロング＆ショートst　朱〈22〉（3）
　　❸ロング＆ショートst　淡オークル〈3864〉
　　❹ロング＆ショートst　白〈822〉（3）
　　❺ロング＆ショートst　白〈822〉
　　❻2回巻きのフレンチノットst　白〈822〉

H　❷ロング＆ショートst　灰〈3032〉
　　❸ロング＆ショートst　白〈822〉

I　❷ロング＆ショートst　濃オークル〈167〉
　　❸ロング＆ショートst　灰〈3023〉

J　❷ロング＆ショートst　濃紫〈29〉（3）
　　❸ロング＆ショートst　紫〈28〉
　　❹ロング＆ショートst　薄灰〈168〉

K　❷ロング＆ショートst　茶〈301〉（3）
　　❸ロング＆ショートst　薄オークル〈06〉
　　❹ロング＆ショートst　オークル〈07〉

L　❷ロング＆ショートst　赤茶〈3777〉（3）
　　❸ロング＆ショートst　薄ベージュ〈739〉
　　❹ロング＆ショートst　黄〈834〉
　　❺ロング＆ショートst　濃灰〈844〉

M　❷ロング＆ショートst　紫〈779〉（3）
　　❸ロング＆ショートst　灰〈3023〉
　　❹ストレートst　濃灰〈844〉

N　❷ロング＆ショートst　濃灰〈645〉（3）
　　❸ロング＆ショートst　淡灰〈3024〉
　　❹ストレートst　淡灰〈3024〉

O　❷ロング＆ショートst　濃オークル〈167〉（3）
　　❸ロング＆ショートst　淡灰〈3024〉
　　❹ロング＆ショートst　淡オークル〈3046〉

P　❷ロング＆ショートst　青〈931〉
　　❸ロング＆ショートst　薄灰〈168〉

Q　❷ロング＆ショートst　灰〈3032〉（3）
　　❸ロング＆ショートst　ベージュ〈3033〉
　　❹ロング＆ショートst　オークル〈3782〉

R　❷ロング＆ショートst　黄〈834〉（3）
　　❸ロング＆ショートst　薄緑〈3013〉

熱帯植物

> see page 30-31

材料
○25番刺繍糸
　濃茶〈3371〉
○生地
　MONACO　GOLDEN YELLOW

- 図案は原寸使用
- 指定外はバックst
- 引きそろえる糸の本数は2本どり
- stはステッチの略

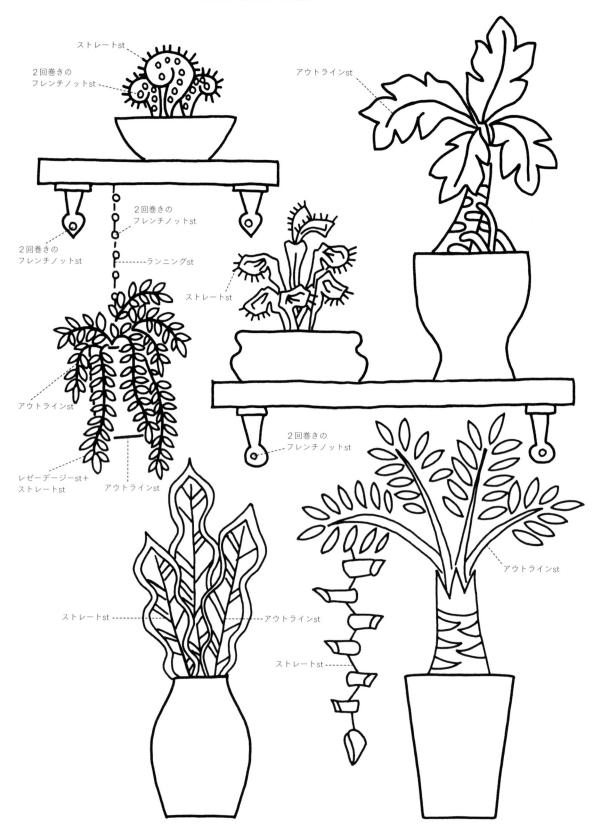

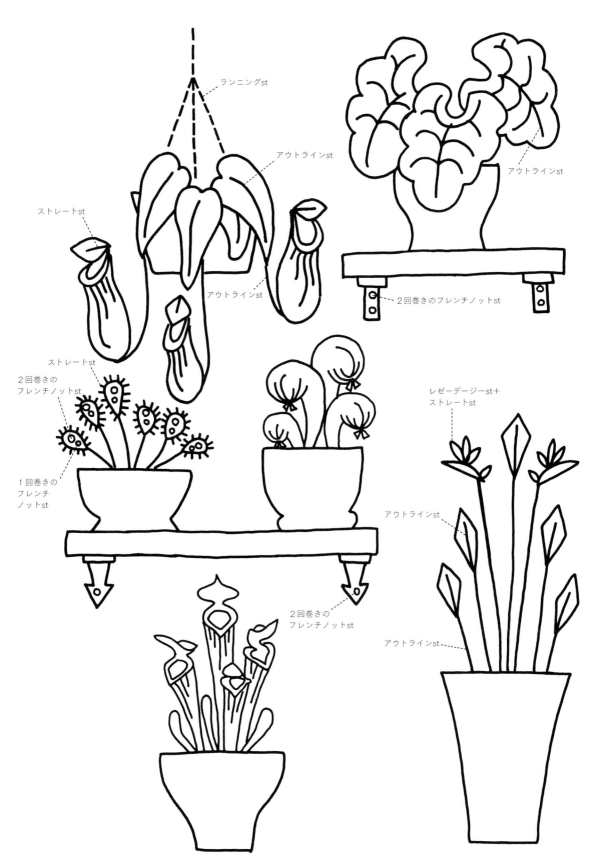

リーフ I

> see page 33

材料
○25番刺繡糸
　灰〈642〉　薄ベージュ〈613〉　黄土〈833〉
　緑〈3363〉　チャコールグレイ〈3021〉
○生地
　MONACO　DONKEY

- 図案は原寸使用
- 〈　〉内は糸の色番号
- 指定外はチェーンst
- 引きそろえる糸の本数は2本どり
- stはステッチの略

リーフⅡ

> see page 34

材料
○25番刺繡糸
　茶〈3031〉　薄ベージュ〈3032〉　緑〈580〉
　薄赤茶〈3772〉　薄茶〈436〉　黄〈833〉
○生地
　MONACO　CRANBERRY

- 図案は原寸使用
- 〈　〉内は糸の色番号
- （　）内は引きそろえる糸の本数。指定外は2本どり
- stはステッチの略

＊好みの数の葉を描いたら、はじめに全ての葉の図案線を茶〈3031〉でアウトラインst、糸1本どりで刺す。
　その後、葉の内側を指定のstで刺し埋め、刺し埋めた上に★のstを刺す。

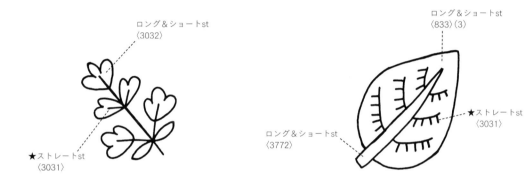

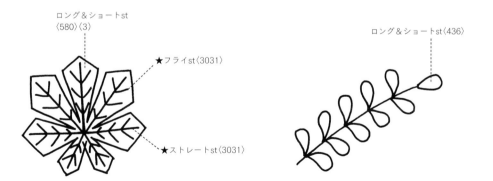

ブランチ

>see page 35

材料
○25番刺繡糸　薄茶〈07〉
○生地　MONACO　TURQUOISE

• 図案は原寸使用
• 引きそろえる糸の本数は2本どり
• stはステッチの略

ストレートst

フライst

チェーンst

細いアウトラインstから
太いアウトラインstに
して刺す

サテンst

細いアウトラインstから
太いアウトラインstに
して刺す

巻き付け
バックst

アウトラインst

巻き付けチェーンst

84

フラワーIX

〉see page 39

材料

○25番刺繍糸
　薄ベージュ〈3864〉
　緑〈3052〉
　茶〈3781〉
○生地
　MONACO　DRIZZLE

・図案は原寸使用
・〈　〉内は糸の色番号
・指定外はアウトラインst
・（　）内は引きそろえる糸の本数。
　指定外は2本どり
・stはステッチの略

〈3052〉

2回巻きの
フレンチノットst
〈3781〉(1)

〈3864〉

サテンst〈3052〉

ストレートst〈3781〉(1)

〈3864〉(1)

〈3052〉

〈3052〉

〈3864〉

〈3052〉(1)

〈3864〉(1)

〈3052〉

2回巻きの
フレンチノットst
〈3781〉(1)

〈3864〉

〈3864〉

〈3052〉

フラワーⅦ

> see page 36-37

材料
○25番刺繍糸
　花各参照
　葉共通　濃緑〈580〉淡緑〈166〉
○生地
　MONACO　DARK GREY

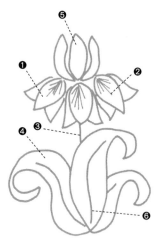

フリチラリア
❶サテンst　オークル〈436〉
❷ストレートst　茶〈434〉(1)
❸アウトラインst　濃緑〈580〉
❹サテンst　濃緑〈580〉
❺サテンst　淡緑〈166〉
❻アウトラインst　淡緑〈166〉

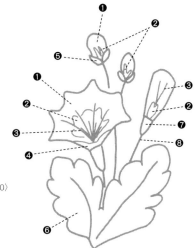

コンボルブルス
❶サテンst　青〈813〉
❷ストレートst　濃青〈826〉(1)
❸ストレートst　生成り〈ECRU〉
❹アウトラインst　濃青〈826〉
❺レゼーデージーst＋ストレートst　濃緑〈580〉
❻サテンst　淡緑〈166〉
❼サテンst　濃緑〈580〉
❽アウトラインst　濃緑〈580〉

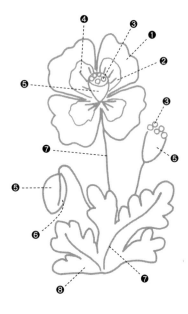

ヒナゲシ
❶サテンst　赤〈3803〉
❷サテンst　濃赤〈3685〉
❸2回巻きのフレンチノットst　淡緑〈166〉
❹ストレートst　黄土色〈783〉(1)
❺ロング＆ショートst　濃緑〈580〉
❻サテンst　濃緑〈580〉
❼アウトラインst　濃緑〈580〉
❽ロング＆ショートst　淡緑〈166〉

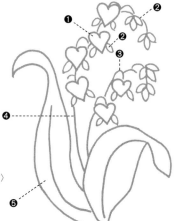

スズラン
❶サテンst　薄クリーム〈677〉
❷レゼーデージーst＋ストレートst　薄クリーム〈677〉
❸アウトラインst　濃緑〈580〉(1)
❹巻き付けチェーンst　濃緑〈580〉(1)
❺サテンst　淡緑〈166〉

- 図案は原寸使用
- 〈　〉内は糸の色番号
- (　)内は引きそろえる糸の本数。指定外は2本どり
- stはステッチの略

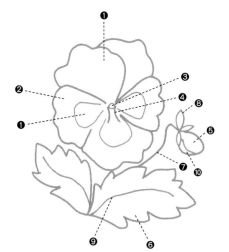

パンジー
❶ロング&ショートst　濃紫〈3740〉
❷サテンst　紫〈3042〉
❸2回巻きのフレンチノットst　黄〈3852〉
❹8回巻きのバリオンst　黄〈3852〉
❺サテンst　紫〈3042〉
❻サテンst　濃緑〈580〉
❼アウトラインst　濃緑〈580〉
❽レゼーデージーst＋ストレートst　濃緑〈580〉
❾アウトラインst　淡緑〈166〉
❿アウトラインst　濃紫〈3740〉

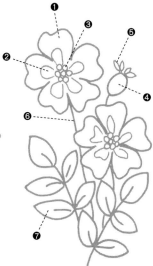

野バラ
❶サテンst　桃〈316〉
❷ストレートst　濃桃〈3726〉(1)
❸2回巻きのフレンチノットst　黄〈3820〉
❹ロング&ショートst　濃桃〈3726〉
❺レゼーデージーst　濃緑〈580〉(1)
❻巻き付けチェーンst　濃緑〈580〉(1)
❼サテンst　濃緑〈580〉

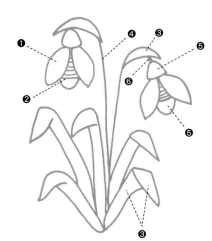

スノードロップ
❶ロング&ショートst　生成り〈ECRU〉
❷ストレートst　生成り〈ECRU〉
❸サテンst　濃緑〈580〉
❹アウトラインst　濃緑〈580〉
❺サテンst　淡緑〈166〉
❻ストレートst　淡緑〈166〉

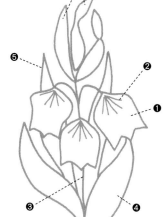

サンダーソニア
❶ロング&ショートst　橙〈922〉
❷ストレートst　赤茶〈918〉(1)
❸巻き付けチェーンst　濃緑〈580〉(1)
❹ロング&ショートst　淡緑〈166〉
❺アウトラインst　淡緑〈166〉

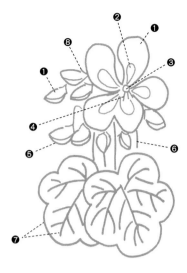

ゼラニウム
1. サテンst 桃〈3731〉
2. ストレートst 濃桃〈3350〉
3. 2回巻きのフレンチノットst 黄〈3852〉
4. ストレートst 黄〈3852〉
5. アウトラインst 濃桃〈3350〉
6. アウトラインst 濃緑〈580〉
7. チェーンst 濃緑〈580〉
8. ストレートst 濃緑〈580〉

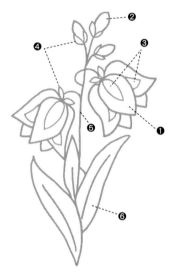

カンパニュラ
1. サテンst 紫〈30〉
2. サテンst 濃紫〈32〉
3. ストレートst 濃紫〈32〉(1)
4. レゼーデージーst＋ストレートst 濃緑〈580〉
5. アウトラインst 濃緑〈580〉
6. サテンst 淡緑〈166〉

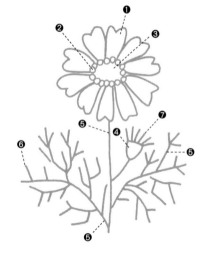

マーガレット
1. ロング＆ショートst 薄ベージュ〈738〉
2. 2回巻きのフレンチノットst 茶〈434〉
3. サテンst 黄〈728〉
4. サテンst 濃緑〈580〉
5. チェーンst 濃緑〈580〉
6. ストレートst 濃緑〈580〉(4)
7. ストレートst 薄ベージュ〈738〉(4)

スイセン
1. サテンst 黄〈18〉
2. ストレートst 濃黄〈832〉
3. 2回巻きのフレンチノットst 淡緑〈166〉
4. サテンst 橙〈976〉
5. 巻き付けチェーンst 橙〈976〉
6. アウトラインst 濃緑〈580〉
7. サテンst 濃緑〈580〉
8. サテンst 淡緑〈166〉

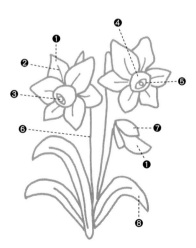

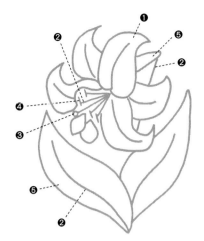

ユリ
1. サテンst 生成り〈ECRU〉
2. アウトラインst 淡緑〈166〉
3. 2回巻きのフレンチノットst 黄〈3852〉
4. ストレートst 茶〈400〉
5. サテンst 濃緑〈580〉

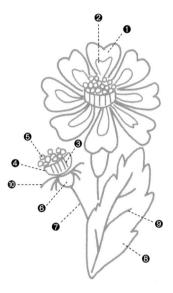

ヘレニウム
1. サテンst 薄赤茶〈3830〉
2. ストレートst 赤茶〈355〉
3. ストレートst 黄土色〈783〉(1)
4. 巻き付けチェーンst 黄土色〈783〉(1)
5. 2回巻きのフレンチノットst 黄土色〈783〉
6. サテンst 淡緑〈166〉
7. アウトラインst 淡緑〈166〉
8. ロング&ショートst 濃緑〈580〉
9. 巻き付けチェーンst 淡緑〈166〉(1)
10. アウトラインst 濃緑〈580〉

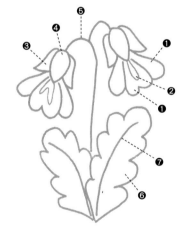

プリムラ
1. サテンst 薄桃〈224〉
2. ストレートst 桃〈152〉
3. サテンst 淡緑〈166〉
4. ロング&ショートst 淡緑〈166〉
5. アウトラインst 濃緑〈580〉
6. サテンst 淡緑〈166〉
7. アウトラインst 濃緑〈580〉

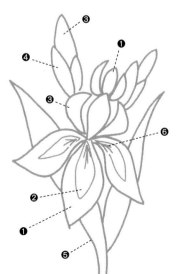

アイリス
1. サテンst 薄青紫〈160〉
2. サテンst 橙〈3820〉
3. ロング&ショートst 青紫〈161〉
4. ロング&ショートst 淡緑〈166〉
5. アウトラインst 濃緑〈580〉
6. ストレートst 青紫〈161〉

- 図案は原寸使用
- 〈 〉内は糸の色番号
- ( )内は引きそろえる糸の本数。指定外は2本どり
- stはステッチの略

フラワーⅧ

> see page 38

材料
○25番刺繍糸
　薄クリーム〈3047〉　桃〈3607〉　濃桃〈915〉
　緑〈469〉　濃緑〈935〉　黄土〈729〉
○生地
　MONACO　DRAK NAVY

- 〈　〉内は糸の色番号
- （　）内は引きそろえる糸の本数。指定外は2本どり
- stはステッチの略

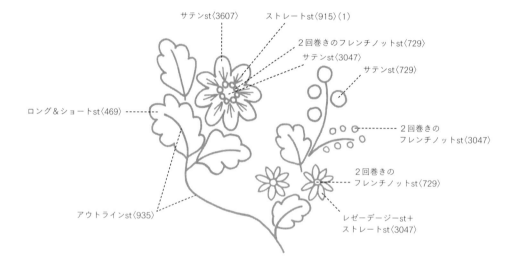

フラワー X

> see page 40-41

材料

P40の作品
○25番刺繍糸
　こげ茶〈839〉　薄こげ茶〈840〉　赤〈221〉
　薄赤〈3722〉　薄桃〈316〉　桃〈3726〉
　紫〈3834〉　濃紫〈154〉
○生地
　MONACO　BLOOD ORANGE

P41の作品
○25番刺繍糸
　濃緑〈936〉　カーキ〈730〉　茶〈869〉
　緑〈987〉　淡青緑〈3848〉　青緑〈3847〉
　濃青緑〈924〉　紺〈939〉
○生地
　MONACO　FERN

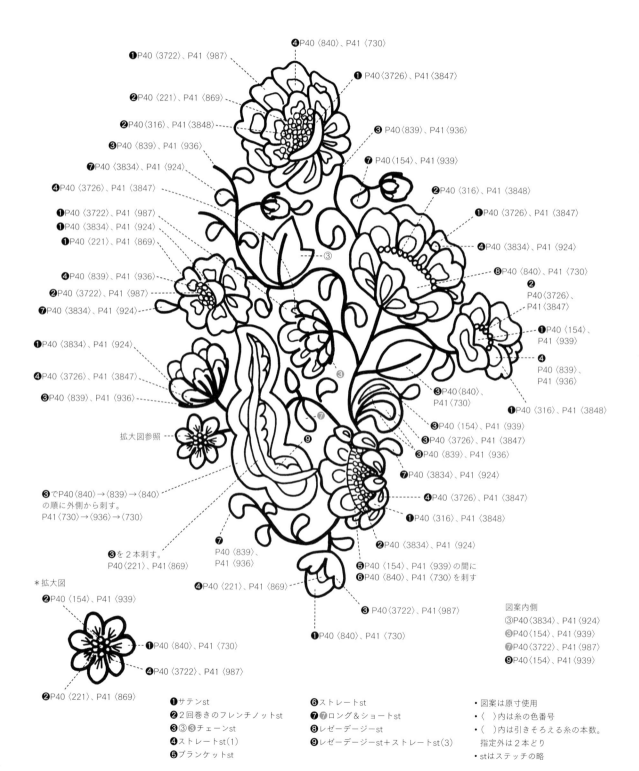

❶サテンst
❷2回巻きのフレンチノットst
❸③❸チェーンst
❹ストレートst(1)
❺ブランケットst
❻ストレートst
❼❼ロング&ショートst
❽レゼーデージーst
❾レゼーデージーst+ストレートst(3)

・図案は原寸使用
・〈 〉内は糸の色番号
・( )内は引きそろえる糸の本数。
　指定外は2本どり
・stはステッチの略

PieniSieni（ピエニシエニ）

日本フェルタート®協会代表理事。ビーズ・フェルト刺繍作家。
刺繍枠を使わないオフフープ®技法による立体刺繍を考案。
シートフェルトに刺繍をほどこして立体的な花や昆虫を作ることを得意とする。現在は、メディアの出演やNHK文化センター、ヴォーグ学園などでの講師活動、通信講座やキットへのデザイン提供のかたわら後世の育成に励む。
著書に『フェルトと遊ぶ』（マガジンランド）、『フェルトで作る花モチーフ92』（講談社）、『フェルト刺しゅうの花図鑑』（日本ヴォーグ社）、『いちばんやさしいフェルトの花づくり』（エクスナレッジ）、『立体刺繍で作る12カ月の花のアクセサリー』（KADOKAWA）がある。

HP：http://pienisieni.com/
ブログ：https://pienisieni.exblog.jp/
ツイッター：@kippermum
インスタグラム：pienikorvasieni

＊日本フェルタート®協会に無断でレシピや技法を公開、作品の全部、一部を商用利用、コンクール出品など個人的に楽しむ以外の目的で使用したりすることは固くお断りします。

材料協力
ディー・エム・シー株式会社　http://www.dmc.com/
クロバー株式会社　https://clover.co.jp/
リネンバード　http://www.linenbird.com/

写真　　　　　　サトウノブタカ
デザイン　　　　株式会社ウエイド手芸部　土屋裕子
プロセス協力　　水谷禎子（P43〜47）
編集　　　　　　向山春香

本書に掲載されている作品及びそのデザインの無断利用は、個人的に楽しむ場合を除き、著作権法で禁じられています。本書の全部または一部（掲載作品の画像やその作り方図等）をホームページに掲載したり、店頭、ネットショップ等で配布、販売したりする場合には、著作権者の許可が必要です。

本書の内容に関するお問い合わせは、お手紙かメール（jitsuyou@kawade.co.jp）にて承ります。恐縮ですが、お電話でのお問い合わせはご遠慮くださいますようお願いいたします。

PieniSieniのボタニカル刺繍

2019年4月20日　初版印刷
2019年4月30日　初版発行

著　者　PieniSieni
発行者　小野寺優
発行所　株式会社河出書房新社
　　　　〒151-0051　東京都渋谷区千駄ヶ谷2-32-2
　　　　電話　03-3404-1201（営業）
　　　　　　　03-3404-8611（編集）
　　　　http://www.kawade.co.jp/

印刷・製本　凸版印刷株式会社

Printed in Japan
ISBN978-4-309-28727-0

落丁本・乱丁本はお取り替えいたします。
本書のコピー、スキャン、デジタル化等の無断複製は著作権法上での例外を除き禁じられています。本書を
代行業者等の第三者に依頼してスキャンやデジタル化することは、いかなる場合も著作権法違反となります。

Pieni Sieni

- 25番刺繡糸 ベージュ〈543〉
- 引きそろえる糸の本数は2本どり
- ステッチはアウトラインst・2回巻きのフレンチノットst